Birds of Irland

fotolulu Taschenbuch IX

Inklusive Checkliste der 495 Vögel auf Irland

Impressum

Bibliografische Information der Deutschen Nationalbibliothek:
Die Deutsche Nationalbibliothek verzeichnet diese Publikation in der
Deutschen Nationalbibliografie;
detaillierte bibliografische Daten sind im Internet über www.dnb.de abrufbar.

Herstellung und Verlag:
BoD – Books on Demand, Norderstedt

1 Auflage
© 2017 fotolulu
Fotos & Text: fotolulu · www.fotolulu.de

ISBN: 9783744822596

Irland ist ein Paradies für Zugvögel, was auch die hohe Anzahl auf Irland gesehener Vogelarten erklärt.

65 Vogelarten habe ich auf einer kleinen Rundreise von Dublin zur Halbinsel Dingle fotografiert. Darunter sind einige interessante Unterarten, wie die Irische Wasseramsel, der Irlandzaunkönig und die Irland-Tannenmeise.

Das Buch wird ergänzt mit einer kompletten Checkliste der 495 Vogelarten auf Irland - deutsch, latein & englisch.

Ihr fotolulu

Alpenkrähe (Pyrrhocorax pyrrhocorax)

Amsel (Turdus merula)

Baßtölpel (Morus bassanus)

Bergpieper (Anthus spinoletta)

Bläßgans (Anser albifrons)

Bläßhuhn (Fulica atra)

Bluthänfling (Linaria cannabina)

Brandgans (Tadorna tadorna)

Britische Blaumeise (Cyanistes caeruleus obscurus)

Britische Kohlmeise (Parus major newtoni)

Britische Schwanzmeise (Aegithalos caudatus rosaceus)

Britisches Rotkehlchen (Erithacus rubecula melophil)

Eissturmvogel (Fulmarus glacialis)

Elster (Pica pica)

Englischer Berghänfling (Linaria flavirostris pipilans)

Englischer Buchfink (Fringilla coelebs gengleri)

Englischer Buntspecht (Dendrocopos major anglicus)

Englischer Gimpel (Pyrrhula pyrrhula pileata)

Englischer Stieglitz (Carduelis carduelis britannica)

Englisches Schwarzkehlchen (Saxicola rubicola hibernans)

Europäische Dohle (Coloeus monedula spermologus)

Felsentaube (Columba livia)

Fitis (Phylloscopus trochilus)

Gebirgsstelze (Motacilla cinerea)

Graugans (Anser anser)

Graureiher (Ardea cinerea)

Grönlandgryllteiste (Cepphus grylle arcticus)

Großer Brachvogel (Numenius arquata)

Haussperling (Passer domesticus)

Hebriden-Singdrossel (Turdus philomelos hebridensis)

Höckerschwan (Cygnus olor)

Irische Wasseramsel (Cinclus cinclus hibernicus)

Irländische Heckenbraunelle (Prunella modularis hebridium)

Irland-Tannenmeise (Periparus ater hibernicus)

Irlandzaunkönig (Troglodytes troglodytes indigenus)

Islanduferschnepfe (Limosa limosa islandica)

Kolkrabe (Corvus corax)

Kormoran (Phalacrocorax carbo)

Krähenscharbe (Phalacrocorax aristotelis)

Mantelmöwe (Larus marinus)

Misteldrossel (Turdus viscivorus)

Nebelkrähe (Corvus cornix)

Rauchschwalbe (Hirundo rustica)

Reiherente (Aythya fuligula)

Ringelgans (Branta bernicla)

Ringeltaube (Columba palumbus)

Rohrammer (Emberiza schoeniclus)

Rotschenkel (Tringa totanus)

Saatkrähe (Corvus frugilegus)

Seidenreiher (Egretta garzetta)

Sperber (Accipiter nisus)

Star (Sturnus vulgaris)

Steinschmätzer (Oenanthe oenanthe)

Steinwälzer (Arenaria interpres)

Stockente (Anas platyrhynchos)

Strandpieper (Anthus petrosus)

Teichhuhn (Gallinula chloropus)

Trauerbachstelze (Motacilla alba yarrellii)

Türkentaube (Streptopelia decaocto)

Weißwangengans (Branta leucopsis)

Westliche Silbermöwe (Larus argentatus argenteus)

Wiesenpieper (Anthus pratensis)

Wintergoldhähnchen (Regulus regulus)

Zilpzalp (Phylloscopus collybita)

Zwergtaucher (Tachybaptus ruficollis)

Anatidae

Saatgans	Anser fabalis	Taiga Bean-Goose
Tundrasaatgans	Anser serrirostris	Tundra Bean-Goose
Kurzschnabelgans	Anser brachyrhynchus	Pink-footed Goose
Bläßgans	Anser albifrons	Greater White-fronted Goose
Zwerggans	Anser erythropus	Lesser White-fronted Goose
Graugans	Anser anser	Graylag Goose
Schneegans	Chen caerulescens	Snow Goose
Ringelgans	Branta bernicla	Brant
Weißwangengans	Branta leucopsis	Barnacle Goose
Zwergkanadagans	Branta hutchinsii	Cackling Goose
Kanadagans	Branta canadensis	Canada Goose
Höckerschwan	Cygnus olor	Mute Swan
Zwergschwan	Cygnus columbianus	Tundra Swan
Singschwan	Cygnus cygnus	Whooper Swan
Rostgans	Tadorna ferruginea	Ruddy Shelduck
Brandgans	Tadorna tadorna	Common Shelduck
Mandarinente	Aix galericulata	Mandarin Duck
Schnatterente	Anas strepera	Gadwall
Pfeifente	Anas penelope	Eurasian Wigeon
Kanadapfeifente	Anas americana	American Wigeon
Dunkelente	Anas rubripes	American Black Duck
Stockente	Anas platyrhynchos	Mallard
Blauflügelente	Anas discors	Blue-winged Teal
Löffelente	Anas clypeata	Northern Shoveler
Spießente	Anas acuta	Northern Pintail
Knäkente	Anas querquedula	Garganey
Krickente	Anas crecca	Green-winged Teal
Kolbenente	Netta rufina	Red-crested Pochard
Rotkopfente	Aythya americana	Redhead
Tafelente	Aythya ferina	Common Pochard
Ringschnabelente	Aythya collaris	Ring-necked Duck
Moorente	Aythya nyroca	Ferruginous Duck
Reiherente	Aythya fuligula	Tufted Duck
Bergente	Aythya marila	Greater Scaup
Kanadabergente	Aythya affinis	Lesser Scaup
Scheckente	Polysticta stelleri	Steller's Eider

Prachteiderente	Somateria spectabilis	King Eider
Eiderente	Somateria mollissima	Common Eider
Kragenente	Histrionicus histrionicus	Harlequin Duck
Brillenente	Melanitta perspicillata	Surf Scoter
Samtente	Melanitta fusca	White-winged Scoter
Trauerente	Melanitta nigra	Common Scoter
Pazifiktrauerente	Melanitta americana	Black Scoter
Eisente	Clangula hyemalis	Long-tailed Duck
Büffelkopfente	Bucephala albeola	Bufflehead
Schellente	Bucephala clangula	Common Goldeneye
Spatelente	Bucephala islandica	Barrow's Goldeneye
Zwergsäger	Mergellus albellus	Smew
Kappensäger	Lophodytes cucullatus	Hooded Merganser
Gänsesäger	Mergus merganser	Common Merganser
Mittelsäger	Mergus serrator	Red-breasted Merganser
Schwarzkopf-Ruderente	Oxyura jamaicensis	Ruddy Duck

Phasianidae

Wachtel	Coturnix coturnix	Common Quail
Goldfasan	Chrysolophus pictus	Golden Pheasant
Fasan	Phasianus colchicus	Ring-necked Pheasant
Rebhuhn	Perdix perdix	Gray Partridge
Auerhuhn	Tetrao urogallus	Eurasian Capercaillie
Birkhuhn	Tetrao tetrix	Black Grouse
Moorschneehuhn	Lagopus lagopus	Willow Ptarmigan

Gaviidae

Sterntaucher	Gavia stellata	Red-throated Loon
Prachttaucher	Gavia arctica	Arctic Loon
Pazifiktaucher	Gavia pacifica	Pacific Loon
Eistaucher	Gavia immer	Common Loon
Gelbschnabeltaucher	Gavia adamsii	Yellow-billed Loon

Podicipedidae

Zwergtaucher	Tachybaptus ruficollis	Little Grebe
Bindentaucher	Podilymbus podiceps	Pied-billed Grebe
Ohrentaucher	Podiceps auritus	Horned Grebe
Rothalstaucher	Podiceps grisegena	Red-necked Grebe
Haubentaucher	Podiceps cristatus	Great Crested Grebe
Schwarzhalstaucher	Podiceps nigricollis	Eared Grebe

Diomedeidae

Schwarzbrauenalbatros	Thalassarche melanophris	Black-browed Albatross

Procellariidae

Eissturmvogel	Fulmarus glacialis	Northern Fulmar
Madeirasturmvogel	Pterodroma madeira	Zino's Petrel
Kapverdensturmvogel	Pterodroma feae	Fea's Petrel
Weichfeder-Sturmvogel	Pterodroma mollis	Soft-plumaged Petrel
Bermudasturmvogel	Pterodroma cahow	Bermuda Petrel
Bulwersturmvogel	Bulweria bulwerii	Bulwer's Petrel
Gelbschnabelsturmtaucher	Calonectris diomedea	Cory's Shearwater
Großer Sturmtaucher	Ardenna gravis	Great Shearwater
Dunkler Sturmtaucher	Ardenna grisea	Sooty Shearwater
Atlantiksturmtaucher	Puffinus puffinus	Manx Shearwater
Mittelmeer-Sturmtaucher	Puffinus yelkouan	Yelkouan Shearwater
Balearensturmtaucher	Puffinus mauretanicus	Balearic Shearwater
Barolosturmtaucher	Puffinus baroli	Barolo Shearwater
Tropensturmtaucher	Puffinus bailloni	Tropical Shearwater

Hydrobatidae

Buntfuß-Sturmschwalbe	Oceanites oceanicus	Wilson's Storm-Petrel
Sturmschwalbe	Hydrobates pelagicus	European Storm-Petrel
Wellenläufer	Oceanodroma leucorhoa	Leach's Storm-Petrel
Swinhoewellenläufer	Oceanodroma monorhis	Swinhoe's Storm-Petrel
Madeirawellenläufer	Oceanodroma castro	Band-rumped Storm-Petrel

Phaethontidae

Rotschnabel-Tropikvogel	Phaethon aethereus	Red-billed Tropicbird

Ciconiidae

Schwarzstorch	Ciconia nigra	Black Stork
Weißstorch	Ciconia ciconia	White Stork

Fregatidae

Prachtfregattvogel	Fregata magnificens	Magnificent Frigatebird

Sulidae

Weißbauchtölpel	Sula leucogaster	Brown Booby
Basstölpel	Morus bassanus	Northern Gannet

Phalacrocoracidae

Kormoran	Phalacrocorax carbo	Great Cormorant
Krähenscharbe	Phalacrocorax aristotelis	European Shag
Ohrenscharbe	Phalacrocorax auritus	Double-crested Cormorant

Ardeidae

Nordamerikanische Rohrdommel	Botaurus lentiginosus	American Bittern
Rohrdommel	Botaurus stellaris	Great Bittern
Zwergdommel	Ixobrychus minutus	Little Bittern
Graureiher	Ardea cinerea	Gray Heron
Purpurreiher	Ardea purpurea	Purple Heron
Silberreiher	Ardea alba	Great Egret
Seidenreiher	Egretta garzetta	Little Egret
Blaureiher	Egretta caerulea	Little Blue Heron
Kuhreiher	Bubulcus ibis	Cattle Egret
Rallenreiher	Ardeola ralloides	Squacco Heron
Grünreiher	Butorides virescens	Green Heron
Mangrovereiher	Butorides striata	Striated Heron
Nachtreiher	Nycticorax nycticorax	Black-crowned Night-Heron

Threskiornithidae

Sichler	Plegadis falcinellus	Glossy Ibis
Löffler	Platalea leucorodia	Eurasian Spoonbill

Pandionidae

Fischadler	Pandion haliaetus	Osprey

Accipitridae

Wespenbussard	Pernis apivorus	European Honey-buzzard
Gänsegeier	Gyps fulvus	Eurasian Griffon
Schelladler	Clanga clanga	Greater Spotted Eagle
Steinadler	Aquila chrysaetos	Golden Eagle
Rohrweihe	Circus aeruginosus	Eurasian Marsh-Harrier
Kornweihe	Circus cyaneus	Northern Harrier
Steppenweihe	Circus macrourus	Pallid Harrier
Wiesenweihe	Circus pygargus	Montagu's Harrier
Sperber	Accipiter nisus	Eurasian Sparrowhawk
Habicht	Accipiter gentilis	Northern Goshawk
Rotmilan	Milvus milvus	Red Kite
Schwarzmilan	Milvus migrans	Black Kite
Weißkopf-Seeadler	Haliaeetus leucocephalus	Bald Eagle

Seeadler	Haliaeetus albicilla	White-tailed Eagle
Raufußbussard	Buteo lagopus	Rough-legged Hawk
Mäusebussard	Buteo buteo	Common Buzzard

Otididae

Großtrappe	Otis tarda	Great Bustard
Zwergtrappe	Tetrax tetrax	Little Bustard

Rallidae

Wachtelkönig	Crex crex	Corn Crake
Wasserralle	Rallus aquaticus	Water Rail
Carolinasumpfhuhn	Porzana carolina	Sora
Tüpfelsumpfhuhn	Porzana porzana	Spotted Crake
Kleines Sumpfhuhn	Zapornia parva	Little Crake
Zwergsumpfhuhn	Zapornia pusilla	Baillon's Crake
Zwergsultanshuhn	Porphyrio martinicus	Purple Gallinule
Teichhuhn	Gallinula chloropus	Eurasian Moorhen
Bläßhuhn	Fulica atra	Eurasian Coot
Amerikanisches Bläßhuhn	Fulica americana	American Coot

Gruidae

Kanadakranich	Antigone canadensis	Sandhill Crane
Kranich	Grus grus	Common Crane

Burhinidae

Triel	Burhinus oedicnemus	Eurasian Thick-knee

Recurvirostridae

Stelzenläufer	Himantopus himantopus	Black-winged Stilt
Säbelschnäbler	Recurvirostra avosetta	Pied Avocet

Haematopodidae

Austernfischer	Haematopus ostralegus	Eurasian Oystercatcher

Charadriidae

Kiebitzregenpfeifer	Pluvialis squatarola	Black-bellied Plover
Goldregenpfeifer	Pluvialis apricaria	European Golden-Plover
Prärie-Goldregenpfeifer	Pluvialis dominica	American Golden-Plover
Tundra-Goldregenpfeifer	Pluvialis fulva	Pacific Golden-Plover
Kiebitz	Vanellus vanellus	Northern Lapwing
Steppenkiebitz	Vanellus gregarius	Sociable Lapwing

Mongolenregenpfeifer	Charadrius mongolus	Lesser Sand-Plover
Wüstenregenpfeifer	Charadrius leschenaultii	Greater Sand-Plover
Seeregenpfeifer	Charadrius alexandrinus	Kentish Plover
Sandregenpfeifer	Charadrius hiaticula	Common Ringed Plover
Amerikanischer Sandregenpfeifer	Charadrius semipalmatus	Semipalmated Plover
Flußregenpfeifer	Charadrius dubius	Little Ringed Plover
Keilschwanz-Regenpfeifer	Charadrius vociferus	Killdeer
Mornellregenpfeifer	Charadrius morinellus	Eurasian Dotterel

Scolopacidae

Prärieläufer	Bartramia longicauda	Upland Sandpiper
Eskimobrachvogel	Numenius borealis	Eskimo Curlew
Regenbrachvogel	Numenius phaeopus	Whimbrel
Großer Brachvogel	Numenius arquata	Eurasian Curlew
Uferschnepfe	Limosa limosa	Black-tailed Godwit
Hudsonschnepfe	Limosa haemastica	Hudsonian Godwit
Pfuhlschnepfe	Limosa lapponica	Bar-tailed Godwit
Steinwälzer	Arenaria interpres	Ruddy Turnstone
Großer Knutt	Calidris tenuirostris	Great Knot
Knutt	Calidris canutus	Red Knot
Kampfläufer	Calidris pugnax	Ruff
Sumpfläufer	Calidris falcinellus	Broad-billed Sandpiper
Spitzschwanz-Strandläufer	Calidris acuminata	Sharp-tailed Sandpiper
Bindenstrandläufer	Calidris himantopus	Stilt Sandpiper
Sichelstrandläufer	Calidris ferruginea	Curlew Sandpiper
Temminckstrandläufer	Calidris temminckii	Temminck's Stint
Langzehen-Strandläufer	Calidris subminuta	Long-toed Stint
Rotkehl-Strandläufer	Calidris ruficollis	Red-necked Stint
Sanderling	Calidris alba	Sanderling
Alpenstrandläufer	Calidris alpina	Dunlin
Meerstrandläufer	Calidris maritima	Purple Sandpiper
Bairdstrandläufer	Calidris bairdii	Baird's Sandpiper
Zwergstrandläufer	Calidris minuta	Little Stint
Wiesenstrandläufer	Calidris minutilla	Least Sandpiper
Weißbürzel-Strandläufer	Calidris fuscicollis	White-rumped Sandpiper
Grasläufer	Calidris subruficollis	Buff-breasted Sandpiper
Graubrust-Strandläufer	Calidris melanotos	Pectoral Sandpiper
Sandstrandläufer	Calidris pusilla	Semipalmated Sandpiper
Bergstrandläufer	Calidris mauri	Western Sandpiper
Kleiner Schlammläufer	Limnodromus griseus	Short-billed Dowitcher
Großer Schlammläufer	Limnodromus scolopaceus	Long-billed Dowitcher

Zwergschnepfe	Lymnocryptes minimus	Jack Snipe
Doppelschnepfe	Gallinago media	Great Snipe
Wilsonbekassine	Gallinago delicata	Wilson's Snipe
Bekassine	Gallinago gallinago	Common Snipe
Waldschnepfe	Scolopax rusticola	Eurasian Woodcock
Terekwasserläufer	Xenus cinereus	Terek Sandpiper
Wilsonwassertreter	Phalaropus tricolor	Wilson's Phalarope
Odinshühnchen	Phalaropus lobatus	Red-necked Phalarope
Thorshühnchen	Phalaropus fulicarius	Red Phalarope
Flußuferläufer	Actitis hypoleucos	Common Sandpiper
Drosseluferläufer	Actitis macularius	Spotted Sandpiper
Waldwasserläufer	Tringa ochropus	Green Sandpiper
Einsamer Wasserläufer	Tringa solitaria	Solitary Sandpiper
Dunkler Wasserläufer	Tringa erythropus	Spotted Redshank
Großer Gelbschenkel	Tringa melanoleuca	Greater Yellowlegs
Grünschenkel	Tringa nebularia	Common Greenshank
Kleiner Gelbschenkel	Tringa flavipes	Lesser Yellowlegs
Teichwasserläufer	Tringa stagnatilis	Marsh Sandpiper
Bruchwasserläufer	Tringa glareola	Wood Sandpiper
Rotschenkel	Tringa totanus	Common Redshank

Glareolidae

Rennvogel	Cursorius cursor	Cream-colored Courser
Rotflügel-Brachschwalbe	Glareola pratincola	Collared Pratincole
Schwarzflügel-Brachschwalbe	Glareola nordmanni	Black-winged Pratincole

Stercorariidae

Skua	Stercorarius skua	Great Skua
Antarktikskua	Stercorarius maccormicki	South Polar Skua
Spatelraubmöwe	Stercorarius pomarinus	Pomarine Jaeger
Schmarotzerraubmöwe	Stercorarius parasiticus	Parasitic Jaeger
Falkenraubmöwe	Stercorarius longicaudus	Long-tailed Jaeger

Alcidae

Krabbentaucher	Alle alle	Dovekie
Trottellumme	Uria aalge	Common Murre
Dickschnabellumme	Uria lomvia	Thick-billed Murre
Tordalk	Alca torda	Razorbill
Riesenalk	Pinguinus impennis	Great Auk
Gryllteiste	Cepphus grylle	Black Guillemot

Papageitaucher	Fratercula arctica	Atlantic Puffin

Laridae

Dreizehenmöwe	Rissa tridactyla	Black-legged Kittiwake
Elfenbeinmöwe	Pagophila eburnea	Ivory Gull
Schwalbenmöwe	Xema sabini	Sabine's Gull
Bonapartemöwe	Chroicocephalus philadelphia	Bonaparte's Gull
Lachmöwe	Chroicocephalus ridibundus	Black-headed Gull
Zwergmöwe	Hydrocoloeus minutus	Little Gull
Rosenmöwe	Rhodostethia rosea	Ross's Gull
Aztekenmöwe	Leucophaeus atricilla	Laughing Gull
Präriemöwe	Leucophaeus pipixcan	Franklin's Gull
Schwarzkopfmöwe	Ichthyaetus melanocephalus	Mediterranean Gull
Korallenmöwe	Ichthyaetus audouinii	Audouin's Gull
Sturmmöwe	Larus canus	Mew Gull
Ringschnabelmöwe	Larus delawarensis	Ring-billed Gull
Silbermöwe	Larus argentatus	Herring Gull
Mittelmeermöwe	Larus michahellis	Yellow-legged Gull
Steppenmöwe	Larus cachinnans	Caspian Gull
Thayermöwe	Larus thayeri	Thayer's Gull
Polarmöwe	Larus glaucoides	Iceland Gull
Heringsmöwe	Larus fuscus	Lesser Black-backed Gull
Kamtschatkamöwe	Larus schistisagus	Slaty-backed Gull
Beringmöwe	Larus glaucescens	Glaucous-winged Gull
Eismöwe	Larus hyperboreus	Glaucous Gull
Mantelmöwe	Larus marinus	Great Black-backed Gull
Rußseeschwalbe	Onychoprion fuscatus	Sooty Tern
Zwergseeschwalbe	Sternula albifrons	Little Tern
Lachseeschwalbe	Gelochelidon nilotica	Gull-billed Tern
Raubseeschwalbe	Hydroprogne caspia	Caspian Tern
Trauerseeschwalbe	Chlidonias niger	Black Tern
Weißflügel-Seeschwalbe	Chlidonias leucopterus	White-winged Tern
Weißbart-Seeschwalbe	Chlidonias hybrida	Whiskered Tern
Rosenseeschwalbe	Sterna dougallii	Roseate Tern
Flußseeschwalbe	Sterna hirundo	Common Tern
Küstenseeschwalbe	Sterna paradisaea	Arctic Tern
Forsterseeschwalbe	Sterna forsteri	Forster's Tern
Brandseeschwalbe	Thalasseus sandvicensis	Sandwich Tern
Schmuckseeschwalbe	Thalasseus elegans	Elegant Tern
Rüppellseeschwalbe	Thalasseus bengalensis	Lesser Crested Tern

merikanischer Scherenschnabel	Rynchops niger	Black Skimmer

teroclidae

teppenflughuhn	Syrrhaptes paradoxus	Pallas's Sandgrouse

Columbidae

elsentaube	Columba livia	Rock Pigeon
Iohltaube	Columba oenas	Stock Dove
ingeltaube	Columba palumbus	Common Wood-Pigeon
Vandertaube	Ectopistes migratorius	Passenger Pigeon
urteltaube	Streptopelia turtur	European Turtle-Dove
ürkentaube	Streptopelia decaocto	Eurasian Collared-Dove
arolinataube	Zenaida macroura	Mourning Dove

Cuculidae

läherkuckuck	Clamator glandarius	Great Spotted Cuckoo
Gelbschnabelkuckuck	Coccyzus americanus	Yellow-billed Cuckoo
chwarzschnabelkuckuck	Coccyzus erythropthalmus	Black-billed Cuckoo
uckuck	Cuculus canorus	Common Cuckoo

Tytonidae

chleiereule	Tyto alba	Barn Owl

Strigidae

wergohreule	Otus scops	European Scops-Owl
chneeeule	Bubo scandiacus	Snowy Owl
teinkauz	Athene noctua	Little Owl
Valdkauz	Strix aluco	Tawny Owl
Valdohreule	Asio otus	Long-eared Owl
umpfohreule	Asio flammeus	Short-eared Owl

Caprimulgidae

alkennachtschwalbe	Chordeiles minor	Common Nighthawk
Ziegenmelker	Caprimulgus europaeus	Eurasian Nightjar

Apodidae

chornsteinsegler	Chaetura pelagica	Chimney Swift
tachelschwanzsegler	Hirundapus caudacutus	White-throated Needletail
Alpensegler	Apus melba	Alpine Swift
Mauersegler	Apus apus	Common Swift
ahlsegler	Apus pallidus	Pallid Swift

| Haussegler | Apus affinis | Little Swift |
| Kaffernsegler | Apus caffer | White-rumped Swift |

Upupidae
| Wiedehopf | Upupa epops | Eurasian Hoopoe |

Alcedinidae
| Eisvogel | Alcedo atthis | Common Kingfisher |
| Gürtelfischer | Megaceryle alcyon | Belted Kingfisher |

Meropidae
| Bienenfresser | Merops apiaster | European Bee-eater |

Coraciidae
| Blauracke | Coracias garrulus | European Roller |

Picidae
Wendehals	Jynx torquilla	Eurasian Wryneck
Gelbbauch-Saftlecker	Sphyrapicus varius	Yellow-bellied Sapsucker
Buntspecht	Dendrocopos major	Great Spotted Woodpecker
Grünspecht	Picus viridis	Eurasian Green Woodpecker

Falconidae
Rötelfalke	Falco naumanni	Lesser Kestrel
Turmfalke	Falco tinnunculus	Eurasian Kestrel
Rotfußfalke	Falco vespertinus	Red-footed Falcon
Merlin	Falco columbarius	Merlin
Baumfalke	Falco subbuteo	Eurasian Hobby
Gerfalke	Falco rusticolus	Gyrfalcon
Wanderfalke	Falco peregrinus	Peregrine Falcon

Tyrannidae
| Schieferrücken-Königstyrann | Tyrannus tyrannus | Eastern Kingbird |

Laniidae
Neuntöter	Lanius collurio	Red-backed Shrike
Neuntöter-phoenicuroides	Lanius phoenicuroides	Red-tailed Shrike
Isabellwürger	Lanius isabellinus	Isabelline Shrike
Braunwürger	Lanius cristatus	Brown Shrike
Raubwürger	Lanius excubitor	Northern Shrike
Schwarzstirnwürger	Lanius minor	Lesser Gray Shrike

otkopfwürger | Lanius senator | Woodchat Shrike

Vireonidae

chlichtvireo | Vireo philadelphicus | Philadelphia Vireo
otaugenvireo | Vireo olivaceus | Red-eyed Vireo

Oriolidae

irol | Oriolus oriolus | Eurasian Golden Oriole

Corvidae

ichelhäher | Garrulus glandarius | Eurasian Jay
lster | Pica pica | Eurasian Magpie
Alpenkrähe | Pyrrhocorax pyrrhocorax | Red-billed Chough
Dohle | Corvus monedula | Eurasian Jackdaw
aatkrähe | Corvus frugilegus | Rook
Rabenkrähe | Corvus corone | Carrion Crow
Nebelkrähe | Corvus cornix | Hooded Crow
olkrabe | Corvus corax | Common Raven

Panuridae

Bartmeise | Panurus biarmicus | Bearded Reedling

Alaudidae

Ohrenlerche | Eremophila alpestris | Horned Lark
Kurzzehenlerche | Calandrella brachydactyla | Greater Short-toed Lark
Heidelerche | Lullula arborea | Wood Lark
Feldlerche | Alauda arvensis | Eurasian Skylark

Hirundinidae

Uferschwalbe | Riparia riparia | Bank Swallow
Rauchschwalbe | Hirundo rustica | Barn Swallow
Rötelschwalbe | Cecropis daurica | Red-rumped Swallow
ahlstirnschwalbe | Petrochelidon pyrrhonota | Cliff Swallow
Mehlschwalbe | Delichon urbicum | Common House-Martin

Paridae

Tannenmeise | Periparus ater | Coal Tit
Haubenmeise | Lophophanes cristatus | Crested Tit
Sumpfmeise | Poecile palustris | Marsh Tit
Weidenmeise | Poecile montanus | Willow Tit
Blaumeise | Cyanistes caeruleus | Eurasian Blue Tit

Kohlmeise	Parus major	Great Tit

Aegithalidae

Schwanzmeise	Aegithalos caudatus	Long-tailed Tit

Certhiidae

Waldbaumläufer	Certhia familiaris	Eurasian Treecreeper

Troglodytidae

Zaunkönig	Troglodytes troglodytes	Eurasian Wren

Cinclidae

Wasseramsel	Cinclus cinclus	White-throated Dipper

Regulidae

Rubingoldhähnchen	Regulus calendula	Ruby-crowned Kinglet
Wintergoldhähnchen	Regulus regulus	Goldcrest
Sommergoldhähnchen	Regulus ignicapilla	Firecrest

Cettiidae

Seidensänger	Cettia cetti	Cetti's Warbler

Phylloscopidae

Fitis	Phylloscopus trochilus	Willow Warbler
Zilpzalp	Phylloscopus collybita	Common Chiffchaff
Iberienzilpzalp	Phylloscopus ibericus	Iberian Chiffchaff
Berglaubsänger	Phylloscopus bonelli	Western Bonelli's Warbler
Balkanlaubsänger	Phylloscopus orientalis	Eastern Bonelli's Warbler
Waldlaubsänger	Phylloscopus sibilatrix	Wood Warbler
Dunkellaubsänger	Phylloscopus fuscatus	Dusky Warbler
Bartlaubsänger	Phylloscopus schwarzi	Radde's Warbler
Goldhähnchen-Laubsänger	Phylloscopus proregulus	Pallas's Leaf Warbler
Gelbbrauen-Laubsänger	Phylloscopus inornatus	Yellow-browed Warbler
Tienschan-Laubsänger	Phylloscopus humei	Hume's Warbler
Wanderlaubsänger	Phylloscopus borealis	Arctic Warbler
Grünlaubsänger	Phylloscopus trochiloides	Greenish Warbler

Acrocephalidae

Buschspötter	Iduna caligata	Booted Warbler
Steppenspötter	Iduna rama	Sykes's Warbler
Blaßspötter	Iduna pallida	Eastern Olivaceous Warbler

oheusspötter	Hippolais polyglotta	Melodious Warbler
lbspötter	Hippolais icterina	Icterine Warbler
ggenrohrsänger	Acrocephalus paludicola	Aquatic Warbler
ilfrohrsänger	Acrocephalus schoenobaenus	Sedge Warbler
drohrsänger	Acrocephalus agricola	Paddyfield Warbler
schrohrsänger	Acrocephalus dumetorum	Blyth's Reed-Warbler
mpfrohrsänger	Acrocephalus palustris	Marsh Warbler
chrohrsänger	Acrocephalus scirpaceus	Eurasian Reed-Warbler
osselrohrsänger	Acrocephalus arundinaceus	Great Reed-Warbler

custellidae

eifenschwirl	Locustella certhiola	Pallas's Grasshopper-Warbler
hrschwirl	Locustella luscinioides	Savi's Warbler
dschwirl	Locustella naevia	Common Grasshopper-Warbler

sticolidae

tensänger	Cisticola juncidis	Zitting Cisticola

lviidae

önchsgrasmücke	Sylvia atricapilla	Eurasian Blackcap
rtengrasmücke	Sylvia borin	Garden Warbler
erbergrasmücke	Sylvia nisoria	Barred Warbler
ppergrasmücke	Sylvia curruca	Lesser Whitethroat
eißbart-Grasmücke	Sylvia cantillans	Subalpine Warbler
mtkopf-Grasmücke	Sylvia melanocephala	Sardinian Warbler
rngrasmücke	Sylvia communis	Greater Whitethroat
ovencegrasmücke	Sylvia undata	Dartford Warbler

uscicapidae

aunschnäpper	Muscicapa dauurica	Asian Brown Flycatcher
auschnäpper	Muscicapa striata	Spotted Flycatcher
eckensänger	Cercotrichas galactotes	Rufous-tailed Scrub-Robin
otkehlchen	Erithacus rubecula	European Robin
rosser	Luscinia luscinia	Thrush Nightingale
chtigall	Luscinia megarhynchos	Common Nightingale
aukehlchen	Luscinia svecica	Bluethroat
auschwanz	Tarsiger cyanurus	Red-flanked Bluetail
vergschnäpper	Ficedula parva	Red-breasted Flycatcher
auerschnäpper	Ficedula hypoleuca	European Pied Flycatcher
alsbandschnäpper	Ficedula albicollis	Collared Flycatcher
artenrotschwanz	Phoenicurus phoenicurus	Common Redstart

Hausrotschwanz	Phoenicurus ochruros	Black Redstart
Steinrötel	Monticola saxatilis	Rufous-tailed Rock-Thrush
Braunkehlchen	Saxicola rubetra	Whinchat
Schwarzkehlchen	Saxicola rubicola	European Stonechat
Siberisches Schwarzkehlchen	Saxicola maurus	Siberian Stonechat
Saharasteinschmätzer	Oenanthe leucopyga	White-crowned Wheatear
Trauersteinschmätzer	Oenanthe leucura	Black Wheatear
Steinschmätzer	Oenanthe oenanthe	Northern Wheatear
Nonnensteinschmätzer	Oenanthe pleschanka	Pied Wheatear
Maurensteinschmätzer	Oenanthe hispanica	Black-eared Wheatear
Wüstensteinschmätzer	Oenanthe deserti	Desert Wheatear
Isabellsteinschmätzer	Oenanthe isabellina	Isabelline Wheatear

Turdidae

Schieferdrossel	Geokichla sibirica	Siberian Thrush
Sibirische Erddrossel	Zoothera aurea	White's Thrush
Erddrossel	Zoothera dauma	Scaly Thrush
Grauwangendrossel	Catharus minimus	Gray-cheeked Thrush
Zwergdrossel	Catharus ustulatus	Swainson's Thrush
Einsiedlerdrossel	Catharus guttatus	Hermit Thrush
Ringdrossel	Turdus torquatus	Ring Ouzel
Amsel	Turdus merula	Eurasian Blackbird
Schwarzkehldrossel	Turdus atrogularis	Black-throated Thrush
Rostflügeldrossel	Turdus eunomus	Dusky Thrush
Rotschwanzdrossel	Turdus naumanni	Naumann's Thrush
Wacholderdrossel	Turdus pilaris	Fieldfare
Rotdrossel	Turdus iliacus	Redwing
Singdrossel	Turdus philomelos	Song Thrush
Misteldrossel	Turdus viscivorus	Mistle Thrush
Wanderdrossel	Turdus migratorius	American Robin

Mimidae

| Katzenvogel | Dumetella carolinensis | Gray Catbird |

Sturnidae

| Star | Sturnus vulgaris | European Starling |
| Rosenstar | Pastor roseus | Rosy Starling |

Prunellidae

| Bergbraunelle | Prunella montanella | Siberian Accentor |
| Heckenbraunelle | Prunella modularis | Dunnock |

otacillidae

esenschafstelze	Motacilla flava	Western Yellow Wagtail
tliche Schafstelze	Motacilla tschutschensis	Eastern Yellow Wagtail
ronenstelze	Motacilla citreola	Citrine Wagtail
birgsstelze	Motacilla cinerea	Gray Wagtail
chstelze	Motacilla alba	White Wagtail
ornpieper	Anthus richardi	Richard's Pipit
ppenpieper	Anthus godlewskii	Blyth's Pipit
achpieper	Anthus campestris	Tawny Pipit
esenpieper	Anthus pratensis	Meadow Pipit
umpieper	Anthus trivialis	Tree Pipit
aldpieper	Anthus hodgsoni	Olive-backed Pipit
tschorapieper	Anthus gustavi	Pechora Pipit
tkehlpieper	Anthus cervinus	Red-throated Pipit
rgpieper	Anthus spinoletta	Water Pipit
andpieper	Anthus petrosus	Rock Pipit
zifikpieper	Anthus rubescens	American Pipit

ombycillidae

idenschwanz	Bombycilla garrulus	Bohemian Waxwing
dernseidenschwanz	Bombycilla cedrorum	Cedar Waxwing

alcariidae

ornammer	Calcarius lapponicus	Lapland Longspur
hneeammer	Plectrophenax nivalis	Snow Bunting

arulidae

eperwaldsänger	Seiurus aurocapilla	Ovenbird
osselwaldsänger	Parkesia noveboracensis	Northern Waterthrush
auflügel-Waldsänger	Vermivora cyanoptera	Blue-winged Warbler
etterwaldsänger	Mniotilta varia	Black-and-white Warbler
eidengelbkehlchen	Geothlypis trichas	Common Yellowthroat
hnäpperwaldsänger	Setophaga ruticilla	American Redstart
eisenwaldsänger	Setophaga americana	Northern Parula
oldwaldsänger	Setophaga petechia	Yellow Warbler
reifenwaldsänger	Setophaga striata	Blackpoll Warbler
onwaldsänger	Setophaga coronata	Yellow-rumped Warbler
nadawaldsänger	Cardellina canadensis	Canada Warbler
önchswaldsänger	Cardellina pusilla	Wilson's Warbler

Emberizidae

Fuchsammer	Passerella iliaca	Fox Sparrow
Winterammer	Junco hyemalis	Dark-eyed Junco
Dachsammer	Zonotrichia leucophrys	White-crowned Sparrow
Weißkehlammer	Zonotrichia albicollis	White-throated Sparrow
Goldammer	Emberiza citrinella	Yellowhammer
Fichtenammer	Emberiza leucocephalos	Pine Bunting
Zaunammer	Emberiza cirlus	Cirl Bunting
Ortolan	Emberiza hortulana	Ortolan Bunting
Zwergammer	Emberiza pusilla	Little Bunting
Waldammer	Emberiza rustica	Rustic Bunting
Weidenammer	Emberiza aureola	Yellow-breasted Bunting
Kappenammer	Emberiza melanocephala	Black-headed Bunting
Rohrammer	Emberiza schoeniclus	Reed Bunting
Grauammer	Emberiza calandra	Corn Bunting

Cardinalidae

Scharlachtangare	Piranga olivacea	Scarlet Tanager
Rosenbrust-Kernknacker	Pheucticus ludovicianus	Rose-breasted Grosbeak
Indigofink	Passerina cyanea	Indigo Bunting

Icteridae

Reisstärling	Dolichonyx oryzivorus	Bobolink
Baltimoretrupial	Icterus galbula	Baltimore Oriole

Fringillidae

Buchfink	Fringilla coelebs	Common Chaffinch
Bergfink	Fringilla montifringilla	Brambling
Hakengimpel	Pinicola enucleator	Pine Grosbeak
Gimpel	Pyrrhula pyrrhula	Eurasian Bullfinch
Karmingimpel	Carpodacus erythrinus	Common Rosefinch
Grünfink	Chloris chloris	European Greenfinch
Kiefernkreuzschnabel	Loxia pytyopsittacus	Parrot Crossbill
Fichtenkreuzschnabel	Loxia curvirostra	Red Crossbill
Bindenkreuzschnabel	Loxia leucoptera	White-winged Crossbill
Taigabirkenzeisig	Acanthis flammea	Common Redpoll
Alpenbirkenzeisig	Acanthis cabaret	Lesser Redpoll
Polarbirkenzeisig	Acanthis hornemanni	Hoary Redpoll
Erlenzeisig	Spinus spinus	Eurasian Siskin
Stieglitz	Carduelis carduelis	European Goldfinch
Berghänfling	Carduelis flavirostris	Twite

thänfling	Carduelis cannabina	Eurasian Linnet
litz	Serinus serinus	European Serin
rnbeißer	Coccothraustes coccothraustes	Hawfinch

sseridae

| ussperling | Passer domesticus | House Sparrow |
| dsperling | Passer montanus | Eurasian Tree Sparrow |

Quellen:

https://avibase.bsc-eoc.org/checklist
Alle Vögel der Welt - Die komplette Checkliste aller Arten und Unterarten (ISBN-13: 978-3-7347-4407-5)
Cornell Lab of Ornithology. 2011-2016. eBird. http://www.ebird.org/ [Species records]
del Hoyo, Josep (ed.), Elliott, A (ed.), Sargatal, J (ed.) (vol. 1?7), and Christie, DA (ed.) (vol. 8?16). 1992?2013. Handbook of the Birds of the World. Lynx Edicions. http://www.hbw.com/ [Synonyms]
Irish Birding. 2009. http://irishbirding.com/birds/web [Distribution]
Irish Rare Birds Committee. 2011. Irish Rare Bird Report 2011. http://www.irbc.ie/reports/irbr/2011_IRBR.pdf [Distribution]
Irish Rare Birds Committee. 2013. The Irish List (as of 31st December 2013). http://www.irbc.ie/topbar/categories.php [Distribution]
Sibagu: Bird Names in Oriental Languages. http://sibagu.com/ [Synonyms]
Tarsiger.com. Western Palearctic Bird News. http://www.tarsiger.com/news/index.php?sp=wp&lang=eng [Species records]

NOTIZEN

Weitere Bücher aus der fotolulu-Taschenbuchserie

Birds of Costa Rica

Birds of Argentinien

Birds of Südafrika

Birds of Madagaskar

Birds of Kuba

Birds of Sri Lanka

Birds of Iceland

Birds of Seychellen

Birds of Deutschland

Birds of Florida & Bahamas

Diese Bücher sind erhältlich bei BoD (Books on Demand):
https://www.bod.de